LE

C^{TE} DE CHAMBORD

ET

SON MANIFESTE

DU 27 OCTOBRE

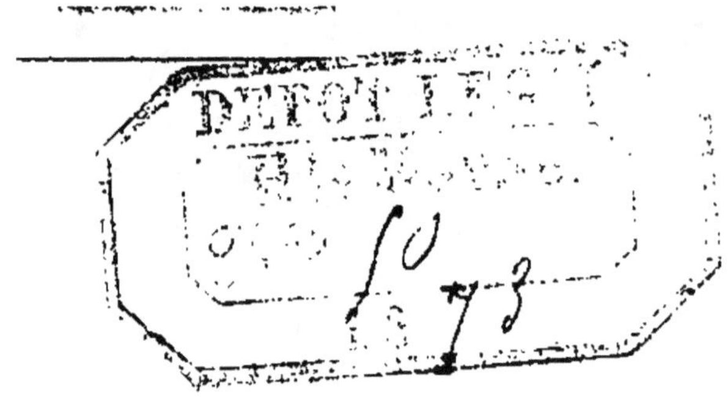

LANGRES

IMPRIMERIE ET LIBRAIRIE FIRMIN DANGIEN

3, rue de l'Homme-Sauvage, 3

1873

LANGRES, IMP. FIRMIN DANGIEN.

Mgr LE COMTE DE CHAMBORD

ET

SON MANIFESTE DU 27 OCTOBRE

Après que M. le comte de Paris fut allé, le 5 août 1873, à Froshdorf, et, s'exprimant tant en son nom qu'aux noms de tous les membres de sa famille, eut annoncé à M. le comte de chambord qu'il le reconnaissait comme le seul roi légitime de la France, on dut penser que désormais le rétablissement de la monarchie était possible et qu'il ne tarderait probablement pas à être réalisé.

Dans le désir d'arriver à ce résultat, des membres des différentes fractions de la majorité de l'Assemblée nationale se réunirent et nommèrent une commission composée de neuf membres qui furent chargés de prendre les dispositions nécessaires pour préparer le retour de M. le comte de Chambord sur le trône de ses pères. Plusieurs des membres de cette commission se rendirent près de M. le comte de Chambord pour lui faire connaître l'opinion des membres de la majorité de l'Assemblée nationale et rapporter à leurs collègues l'expression des sentiments de M. le comte de Chambord. Cette démarche devait paraître inutile; car M. le comte de Chambord avait, depuis trente ans, manifesté dans toutes les circonstances, et toujours avec une unité parfaite, son opinion sur toutes les questions qui peuvent intéresser l'avenir de la France; et tous les Français peuvent connaître les sentiments de ce prince dont la loyauté, la franchise égale la haute intelligence.

Demander à M. le comte de Chambord toutes les libertés, toutes les institutions en rapport avec l'état de la société actuelle, c'était donc en quelque sorte « enfoncer une porte ouverte, » comme l'a dit après son retour M. Chesnelong, chargé de rendre à ses collègues compte de la mission qui lui avait été donnée. Il y eut donc approbation unanime de la part des membres de l'Assemblée nationale qui entendirent les explications données par M. Chesnelong et rien ne paraissait devoir rompre l'accord qui régnait parmi les partisans de la monarchie.

Mais il est des hommes pour lesquels la vérité, la loyauté, la justice, le droit paraissent choses impossibles et, bientôt, on vit les affirmations de M. Chesnelong tronquées, modifiées. Les sentiments exprimés par M. le comte de Chambord avec cette franchise qui le caractérise, les principes de liberté qu'il avait proclamés étaient niés par les uns, tandis que d'autres assuraient qu'il avait fait des concessions aux idées révolutionnaires. Chaque jour apportait de nouvelles appréciations des sentiments exprimés par M. le comte de Chambord et que M. Chesnelong avait fidèlement rapportés avec l'approbation de ses collègues.

Au milieu de ces assertions diverses, on demandait que M. le comte de Chambord parlât pour démentir ou approuver ce qu'avait dit M. Chesnelong. C'est ce que M. le comte de Chambord fit dans son admirable manifeste adressé sous forme de lettre à M. Chesnelong et dans lequel il remercie ce député d'avoir fidèlement rapporté les paroles qui lui avaient été dites à Froshdorf.

Tout paraissait donc devoir être éclairci par la lettre si digne, si monarchique, si noble, si française de M. le comte de Chambord et qui a été si justement admirée des hommes véritablement monarchiques et de tous ceux qui ont encore le sentiment de ce qui est noble, loyal et patriotique. Mais il est des hommes dont le cœur est fermé à certains sentiments. Ils comprennent que la monarchie légitime peut seule ramener l'ordre, la sécurité, la liberté en France, et cependant il leur répugne de se rallier à un principe aussi sage, aussi parfait ; ils voudraient quelques taches, quelques défectuosités; en un mot quelque chose de révolutionnaire. Ils semblaient ne chercher qu'un prétexte pour se séparer des représentants de la monarchie légitime auxquels ils paraissaient s'être ralliés pendant quelques jours et ce prétexte ils ont prétendu l'avoir trouvé dans l'admirable lettre de M. le comte de Chambord et se sont alors séparés des hommes véritablement monarchistes.

Rien ne justifie et ne peut expliquer cette désertion des monarchistes révolutionnaires, si ce n'est que M. le comte de Chambord est trop honnête, trop loyal, qu'il a des principes d'ordre, de liberté, de justice, d'honneur, qu'il ne modifie pas suivant les circonstances, qu'il conserve toujours intacts, auxquels il reste toujours fidèle. Ah ! s'il était un peu révolutionnaire, s'il était prêt à sacrifier quelquefois la liberté, l'ordre, la dignité dans des circonstances données, s'il savait mettre en maximes ses actions et non pratiquer ses principes, oh ! ce serait bien un souverain à prendre. Mais non, M. le comte de Chambord ne comprend pas ainsi la politique, il ne modifie pas ses opinions suivant les circonstances ; ce qu'il croit juste, ce qui lui paraît pouvoir donner à la France des jours de sécurité, de prospérité, de sage liberté, de gloire et d'honneur, il ne le change pas pour plaire à certains hommes, pour satisfaire à certaines utopies plus ou moins funestes, et c'est là ce qui irrite les monarchistes révolutionnaires. M. le comte de Chambord n'a rien dit en effet dans sa dernière lettre qu'il n'ait déjà dit et répété dans ses différents manifestes et qui ait pu changer les dispositions des monarchistes révolutionnaires qui avaient paru un instant se réunir à lui. « Je ne rétracte rien, écrit-il, je ne retranche rien de mes précédentes déclarations. » Voici ce que renferment quelques-unes de ses principales déclarations :

« Dépositaire du principe fondamental
« de la monarchie, je sais que cette mo-
« narchie ne répondrait pas à tous les
« besoins de la France, si elle n'était en
« harmonie avec son état social, ses mœurs,
« ses intérêts. »

—

« Si jamais la Providence m'ouvre les
« portes de la France, je ne veux pas être
« le roi d'une classe ni d'un parti, mais
« le roi de tous. Le mérite et les services
« seront les seules distinctions à mes
« yeux. »

—

« J'appelle tous les dévouements, tous
« les esprits éclairés, toutes les âmes géné-
« reuses, tous les cœurs droits, dans quel-

« ques rangs qu'ils se trouvent et sous
« quelque drapeau qu'ils aient combattu
« jusqu'ici, à me prêter l'appui de leurs
« lumières, de leur bonne volonté, de leurs
« nobles et unanimes efforts pour sauver le
« pays, assurer son avenir et lui préparer,
« après tant d'épreuves, de vicissitudes et
« de malheurs, de nouveaux jours de gloire
et de prospérité. »

—

« Je ne suis point un parti, et je ne veux
« pas revenir pour régner par un parti. Je
« n'ai ni injure à venger, ni ennemis à
« écarter, ni fortune à refaire, sauf celle de
« la France ; et je puis choisir partout les
« ouvriers qui voudront loyalement s'atta-
« cher à ce grand ouvrage. »

—

« L'égalité devant la loi, la liberté de
« conscience, le libre accès pour tous les
« mérites à tous les emplois, à tous les
« honneurs, à tous les avantages sociaux,
« tous ces grands principes d'une société
« éclairée et chrétienne me sont chers et
« sacrés, comme à vous, comme à tous les
« Français. »

—

« Je n'ai rien à ajouter aux nombreuses
« manifestations que j'ai faites de mes dis-
« positions. Elles sont toujours les mêmes
« et ne changeront jamais. Exclusion de

« tout arbitraire, le règne et le respect des
« lois : l'honnèteté et le droit partout ; le
« pays sincèrement représenté, votant l'im-
« pôt et concourant à la confection des
« lois ; les dépenses sévèrement contrôlées ;
« la propriété, la liberté individuelle et re-
« ligieuse inviolables et sacrées, l'adminis-
« tration communale et départementale
« sagement et progressivement décentra-
« lisée ; le libre accès pour tous aux hon-
« neurs et aux avantages sociaux ; telles
« sont à mes yeux les véritables garanties
« d'un bon gouvernement, et tout mon désir
« est de pouvoir, un jour, me dévouer tout
« entier à l'établir en France. »

———

« J'apprécie tous les services qui ont été
« rendus à la patrie ; je tiens compte de
« tout ce qui a été fait à différentes époques
« pour la préserver des maux extérieurs
« dont elle était et dont elle est encore me-
« nacée. »

———

« Ma sympathique reconnaissance est
« acquise à ce qui s'est fait par la France
« à toutes les époques, de bon, d'utile et de
« grand. »

———

« Hors de la monarchie héréditaire, il
« n'y a ni repos, ni grandeur, ni prospérité
« durable pour le pays, condamné par une

« nécessité fatale à passer incessamment
« de la licence à l'oppression, de l'anarchie
« au despotisme. »

—

« L'honnêteté ! l'honnêteté qui n'est pas
« moins une obligation dans la vie publi-
« que que dans la vie privée ! l'honnêteté
« qui fait la valeur morale des Etats comme
« des particuliers. »

—

« Pour la monarchie traditionnelle, gou-
« verner, c'est s'appuyer sur les vertus de
« la France, c'est développer tous les no-
« bles instincts, c'est travailler sans relâche
« à lui donner ce qui fait les nations gran-
« des et respectées, c'est vouloir qu'elle
« soit la première par la foi, par la puis-
« sance et par l'honneur. »

—

« Il n'y a que la monarchie restaurée sur
« la base du droit héréditaire et tradition-
« nel qui, répondant à tous les besoins de
« la société telle que l'ont faite les évène-
« ments accomplis depuis plus d'un demi-
« siècle, puisse concilier tous les intérêts,
« sauvegarder tous les droits acquis, et
« mettre la France en pleine et irrévocable
« possession de toutes les sages libertés qui
lui sont nécessaires. »

—

« Ce que je demande, vous le savez, c'est

« de travailler à la régénération du pays ;
« c'est de donner l'essor à toutes les aspi-
« rations légitimes ; c'est à la tête de toute
» la Maison de France, de présider à ses
« destinées, en soumettant avec confiance
« les actes du gouvernement au sérieux
« contrôle de représentants librement
« élus. »

—

« Je répéterai ici ce que j'ai souvent dit à
« mes amis : soyez inébranlables sur les
« principes, mais en même temps soyez
« calmes, patients et toujours modérés et
» conciliants pour les personnes. Que vos
« rangs, que vos cœurs, comme le mien,
« restent constamment ouverts à tous. »

—

« En dehors du principe national de l'hé-
« rédité monarchique, sans lequel je ne suis
« rien, et avec lequel je suis tout, où seront
« nos alliances ? Qui donnera une forte or-
« ganisation à notre armée ? qui rendra à
« notre diplomatie son autorité ? à la France
« son crédit et son rang ? qui assurera aux
« classes laborieuses le bienfait de la paix,
« à l'ouvrier la dignité de sa vie, les fruits
« de son travail, la sécurité de sa vieil-
« lesse. »

—

« Ne semble-t-il pas que toujours fidèle
« à toutes les traditions de son glorieux

« passé, la royauté vraiment chrétienne et
« vraiment française doive faire aujour-
« d'hui, pour l'émancipation et la prospé-
« rité morale et matérielle des classes ou-
« vrières, ce qu'elle a fait en d'autres temps
« pour l'affranchissement des communes. »

—

« Je n'arbore pas un nouveau drapeau,
« je maintiens celui de la France et j'ai la
« fierté de croire qu'il rendrait à nos armées
« leur antique prestige. — Dans les plis
« glorieux de cet étendard sans tache, je
« vous apporterai l'ordre et la liberté. »

—

« Mes devoirs envers la France seront
« toujours la règle essentielle de ma con-
« duite. Tout ce qui peut contribuer à la
« sécurité, au bonheur, à la gloire de notre
« pays, je suis prêt à l'accomplir sans hé-
« sitation, sans arrière-pensée. »

—

« Ces devoirs, je les remplirai, croyez-en
« ma parole d'honnête homme et de roi. —
« Dieu aidant, nous fonderons ensemble
« et quand vous le voudrez, sur les larges
« assises de la décentralisation administra-
« tive et des franchises locales, un gouver-
« vement conforme aux besoins réels du
« pays. — Nous donnerons pour garantie
« à ces libertés publiques auxquelles tout

« peuple chrétien a droit, le suffrage uni-
« versel honnètement pratiqué et le con-
« trôle de deux Chambres. »

—

« Le bonheur de notre commune patrie !
« c'est là l'objet constant de mes vœux; et
« je ne vois dans les droits que, d'après les
« antiques lois de la monarchie, je tiens de
« ma naissance, que des *devoirs à rem-*
« *plir.*
« La France me trouvera toujours prêt à
« me sacrifier pour elle. »

—

« Tous ceux qui me connaissent, savent
« qu'il n'y a dans mon cœur et qu'il n'est
« jamais sorti de ma bouche que des vœux
« pour le bonheur de la France. »

Voilà quels sont les principes toujours
manifestés par M. le comte de Chambord
et desquels il dit, dans sa dernière lettre :
« Je ne rétracte rien, je ne retranche rien
« de mes précédentes déclarations. » Or
peut-on imaginer des principes plus sages,
plus conformes à l'ordre et à la liberté,
pouvant mieux assurer la sécurité, le bonheur et la gloire de la France. Et c'est cette
lettre dans laquelle le comte de Chambord
exprime ces sentiments et dans laquelle il
dit : « J'ai conservé intact, pendant qua-

« rante-trois ans, le dépôt sacré de nos
« traditions et de nos libertés. » C'est cette
lettre qui a excité les protestations des monarchistes qui se disaient ralliés et qu'ils
paraissent prendre pour prétexte d'une sé-
paration. Cela n'est-il pas insoutenable,
s'il n'y a pas, comme cela est présumable,
sous ce mouvement l'action de quelque
intrigue.

C'est en vain qu'on semble mêler à ces
défaillances la question du drapeau sur laquelle M. le comte de Chambord s'est toujours exprimé avec une grande netteté et
que nous allons apprécier.

Lorsqu'on examine la question du drapeau avec impartialité, sans esprit de parti,
sans prévention, on ne comprend pas
qu'elle puisse laisser quelque incertitude
dans les esprits.

Avant la révolution, le drapeau blanc
était le drapeau de la France. Jeanne d'Arc
le portait lorsqu'elle chassait les Anglais ;
c'était le drapeau de Duguesclin, de Bayard,
de Condé, de Turenne ; avec lui, Louis
XIV réunissait à la France la Franche-
Comté, La Flandre et l'Alsace qui vient de
nous être ravie. Sous la restauration, avec
le drapeau blanc, l'armée française délivrait
la Grèce de l'oppression musulmane, l'Es-
pagne de la domination révolutionnaire et,
en plantant le drapeau blanc sur les murs

d'Alger, elle détruisait la piraterie dans la Méditerranée.

Avec les rois de France, le drapeau blanc fut le plus noble, le plus respecté des étendards, et il flottait sans rival sur toutes les mers et dans les belles colonies que la révolution nous a fait perdre.

Mais, aux révolutionnaires qui voulaient renverser la Monarchie, la noble bannière de France ne pouvait convenir, il leur falfait un signe de ralliement, un drapeau autre que le drapeau sans tache, et ils prirent d'abord un drapeau vert, mais comme le vert était la couleur du comte d'Artois, frère de Louis XVI, ils abandonnèrent bientôt cette couleur, et mirent sur leur drapeau les trois couleurs qui formaient la livrée des domestiques du duc d'Orléans, alors l'un des chefs des révolutionnaires. Ce fut chose heureuse; car, par ce choix, le noble drapeau de la France n'assista pas à toutes les horreurs de la révolution et resta le drapeau sans tache

Mais le drapeau tricolore était aux massacres de septembre, il accompagnait à l'échafaud tout ce que la France avait de plus noble par les sentiments, par les vertus; ouvriers, paysans, nobles, prêtres, soldats femmes, enfants, vieillards, virent flotter à leur côté le drapeau tricolore quand on les conduisait à la mort. La cocarde tricolore était au bonnet rouge de Marat et de tous les sicaires de Danton, de

Carrier, de Robespierre, et on forçait à la porter sous peine de prison ou de mort.

Après la terreur, le drapeau tricolore fut aux hontes du directoire, Napoléon, qui fut, comme on l'a dit, la révolution à cheval, le porta, et, avec lui amena l'invasion de la France. Mais, on vit les Français, las des crimes de la révolution, des guerres incessantes de l'empire et de son despotisme reprendre le drapeau blanc et la cocarde blanche, comme des emblèmes de l'ordre, de la justice, de la liberté et de la paix; et Louis XVIII, avec le drapeau blanc, leur rendit toutes ces choses qu'ils avaient perdues depuis qu'il avait cessé de flotter sur la France.

Avec le retour de l'île d'Elbe, ce crime qui fut si funeste à la France, reparut le drapeau tricolore et avec lui une nouvelle invasion de la France plus déplorable encore que la première. Puis, pendant quinze années sous la restauration, le drapeau blanc revit la France honorée, respectée et revenue au premier rang parmi les nations. La révolution de 1830 lui ramena le drapeau tricolore, il fut aussi à la révolution de 1848, aux journées de juin, à l'infâme coup d'Etat du 2 décembre et on le voit où l'homme de Sedan l'a conduit : aux trophées de Berlin.

Le drapeau blanc n'a pas connu de pareilles humiliations, il est toujours resté la bannière sans tache.

Sous la république, sous le premier empire tous les officiers qui n'étaient pas révolutionnaires déploraient de porter la cocarde de Marat et de Robespierre et, comme les couleurs du drapeau n'étaient pas disposées comme elles le sont aujourd'hui et que la couleur blanche était en dehors, ils augmentaient le blanc de leur cocarde et cachaient le bleu et le rouge sous les torsades avec lesquelles on retenait alors les cocardes. C'est afin d'empêcher que l'armée conservât ainsi la cocarde blanche qu'on plaçât, en 1830, la couleur blanche au milieu du drapeau.

Et, maintenant, lorsque le comte de Chambord vous dit : Si vous m'appelez à remonter sur le trône, je vous rapporterai le drapeau qu'ont glorieusement porté mes pères, et sous lequel vos ancêtres ont combattu avec courage pendant plusieurs siècles, le drapeau de la France, qui n'a point été aux crimes de la Terreur, qui n'a point connu des humiliations sans pareilles et n'orne point les trophées de l'ennemi; peut-on penser à lui dire : Vous reprendrez le drapeau avec lequel on a renversé la monarchie, conduit Louis XVI à l'échafaud, avec lequel la révolution de 1830 a renversé votre aïeul Charles X et vous a conduit à l'exil.

Nous vous rappellerons pour mettre un terme aux révolutions qui nous ont conduits à tous les désastres, à toutes les ruines ; mais vous reviendrez avec le drapeau qui rappelle tous les crimes de la Terreur, tous les désastres des deux empires, les trois invasions de la France, avec le drapeau de la révolution.

Est-il possible de tenir un pareil langage de faire une pareille proposition au descendant d'Henri IV et de Louis XIV au petit neveu de l'infortuné Louis XVI. (1)

----

(1) Les industriels et les commerçants notables de Paris, dans la lettre qu'ils ont adressée aux députés de la Seine pour leur demander la monarchie, disent : « Le culte du « roi pour son drapeau est à nos yeux chose toute natu- « relle ; ne tenons-nous pas, nous autres commerçants, en « semblable honneur nos marques de fabrique ? » Ce n'est pas seulement un sentiment de prédilection qui rattache M. le comte de Chambord au drapeau blanc, s'il n'y eût eu de sa part qu'un pareil sentiment, il eût peut-être pu en faire le sacrifice ; mais la chose est toute autre et, comme je l'ai dit, il y a une question de dignité et d'honneur. Si l'on avait chassé un homme de sa maison à coups de bâton et qu'on lui dise ensuite : Vous rentrerez dans votre maison, mais à la condition que vous baiserez le bâton avec lequel on vous a chassé, cet homme pourrait-il accepter une pareille condition et faire un tel acte de lâcheté. C'est quelque chose de semblable que l'on demande à M. le comte de Chambord lorsqu'on lui dit qu'il ne rentrera qu'avec le drapeau tricolore, c'est même vouloir lui impo- ser une condition plus cruelle encore, car ce n'est pas seulement M. le comte de Chambord qui a été conduit en exil avec le drapeau tricolore, c'est aussi, comme je l'ai dit, son aïeul Charles X, c'est son oncle Louis XVI qui a été détrôné et conduit à la mort, c'est la reine Marie-An- toinette, c'est madame Elisabeth, c'est l'infortuné Louis XVII dont le drapeau tricolore a accompagné la mort. Est-ce que le cœur de tout homme d'honneur ne devrait pas se soulever à la pensée qu'on a pu supposer M. le comte de Chambord capable d'accueillir la proposition qui lui a été faite.

En vérité, ceux qui ont pu avoir une pareille pensée n'ont évidemment pas réfléchi à ce qu'ils demandaient, et il leur serait impossible d'alléguer aucune considération sérieuse pour motiver une pareille demande. Que les révolutionnaires veuillent conserver le drapeau de la révolution, c'est chose naturelle, mais que des hommes qui désirent l'ordre aient une pareille pensée, c'est ce qu'on ne peut expliquer, comprendre.

Le comte de Chambord ne peut revenir en France, remonter sur le trône de ses pères, qu'en portant le drapeau de la France, le drapeau de Jeanne d'Arc, de Marignan, de Fontenoy, d'Alger. Il a dit qu'il ne voulait pas être le roi légitime de la révolution, il ne peut pas prendre le drapeau de la révolution.

Pourrait-on se figurer Henri V avec la cocarde tricolore, portant le drapeau tricocore? non, le bon sens répugne à une pareille pensée ! Au lieu de dire qu'on ne veut le comte de Chambord qu'avec le drapeau tricolore il serait plus loyal de dire qu'on ne veut pas de la monarchie et qu'on veut rester dans la révolution.

Nos soldats auxquels le drapeau tricolore a été donné ont combattu comme toujours avec courage à ses côtés, mais il ne leur a pas porté bonheur, car malgré leur bravoure, il a assisté trois fois à l'invasion de la France et ils n'ont par conséquent pas d'intérêt à conserver un étendard qui leur rappelle de sinistres souvenirs et à ne pas reprendre le glorieux drapeau de la France.

Ce qu'il y a d'étrange dans les faits qui se passent, c'est que tandis que les monarchistes ralliés allèguent, pour se séparer du comte de Chambord, la lettre qu'il a écrite, les journaux qui ont toujours été opposés à la légitimité et au comte de Chambord, tout en se réjouissant de ce que font les monarchistes révolutionnaires, ne peuvent s'empêcher d'admirer et de louer la noblesse des sentiments de M. le comte de Chambord et de reconnaître qu'il n'aurait pu agir autrement qu'il l'a fait sans s'abaisser, se déshonorer en quelque sorte.

Voici comment s'exprime le *Gaulois* : « On va lire le manifeste que M. le comte « de Chambord adresse à la France sous « forme de lettre à M. Chesnelong. Jamais « plus noble langage n'est tombé de la « bouche d'un prince. La France entière « aura pour lui le respect commandé par « une si noble attitude. Les fusionnistes « avoueront aujourd'hui que nous avions « jugé plus sainement qu'eux le caractère « du prince dont ils ont vainement essayé « de faire un roi renégat. »

On lit dans le *XIXe Siècle* : « M. le « comte de Chambord n'a pas souffert plus « longtemps qu'on le déshonorât. — M. le « comte de Chambord demeure ce qu'on l'a

« vu toujours, le dernier héritier de la
« vieille monarchie française ; il rejette
« avec plus d'horreur que jamais l'idée de
« devenir le roi légitime de la révolution ;
« ce serait aujourd'hui lui faire injure que
« de le féliciter de n'avoir abjuré ni son
« passé ni sa croyance. »

« Devant cette parole honnête, dit l'*Evè-
« nement,* il ne reste qu'un prétendant qui
« refuse — de se déshonorer. — Il ne nous
« en coûte pas de le reconnaître, M. le
« comte de Chambord force l'estime même
« de ses adversaires. — M. le comte de
« Chambord n'a pas voulu d'équivoque ; il
« a dit au centre droit ce qu'il écrivait
« dans son manifeste du 4 août 1871 :
« On me demande le sacrifice de mon hon—
« neur. Jamais. » Il a bien agi. »

On lit dans la *République française :*
« M. le comte de Chambord s'est placé une
« fois de plus face à face avec la France,
« sans intermédiaire, sans interprète. La
« France pourra le reconnaître tel qu'il est.
« Elle ne reviendra point à lui, — mais
« elle saura du moins que ce roi qu'on vou-
« lait ramener n'est point capable de des-
« cendre aux manœuvres qu'on lui conseil-
« lait pour reconquérir une couronne. —
« La France, nous dit-il, ne peut pas périr.
« Cette confiance invincible dans les desti-
« nées de la nation que nos ancêtres ont
« faite avec les siens, est désormais tout
« ce qui le rattache à nous. Il suffit de ce

« lien de patriotisme, et c'est assez de cette
« religion de la France pour que le dernier
« descendant de nos anciens rois reste uni
« à son pays et y conserve le respect qui
« sera toujours payé avec usure à un
« prince qui, du moins, a pu conserver loin
« de nous les premières et les plus nobles
« des qualités de notre race, la franchise et
« le courage. »

On le voit, malgré les barrières infran-
chissables qui séparent les bonapartistes
et les républicains du représentant de la
légitimité, ils ne peuvent que rendre hom-
mage au noble caractère de M. le comte
de Chambord et ils reconnaissent qu'il
n'aurait pu agir autrement qu'il ne l'a fait
sans se déshonorer. Les monarchistes
révolutionnaires comprendront-ils que ce
n'est pas en abaissant la royauté qu'on lui
donne de l'autorité et de la force pour combattre l'anarchie. Par leur conduite, les
monarchistes révolutionnaires vont probablement rejeter la France dans les abîmes
et ils seront responsables de toutes les ruines qu'ils auront amassées. Mais M. le
comte de Chambord a encore grandi dans
l'estime de la France et des autres nations
et, comme on l'a vu, il commande l'admir-
ration, même de ceux qui lui sont le plus
hostiles.

La lumière parait, depuis quelques jours, avoir éclairé des hommes qui n'étaient pas légitimistes, qui se disaient même républicains sans bien savoir pourquoi ils avaient cette opinion, et voyaient avec regret l'approche de la monarchie. Le refus de la rétablir les a troublés profondément, ils ont compris que l'avenir de sécurité, d'ordre qui paraissait s'offrir à eux avec un gouvernement honnête et libéral, disparaissait et qu'ils se trouveront de nouveau à un jour donné replacés en face du radicalisme. Les négociants, les industriels, les ouvriers ont senti que les garanties que la monarchie légitime leur offrait pour leur commerce, leurs fabriques et leurs travaux, s'évanouissaient, et ils se sont mis à regretter que la monarchie, dont un certain nombre d'entre eux regrettaient le rétablissement quelques jours avant, n'eut pas été constituée et ils n'ont pas craint de manifester hautement leurs sentiments.

Mais vous, députés du centre droit et du centre gauche, qui par votre retraite avez amené cette situation, commencez-vous à comprendre ce qu'elle a de déplorable. Ne voyez-vous pas que, au moment où la France allait être sauvée de la ruine qui la menace, vous l'avez de nouveau rejetée dans les angoisses et exposée aux violences du radicalisme. Ne comprenez-vous pas que les sept années que le maréchal de Mac-Mahon a réclamées, et jugées nécessaires pour donner quelque force à son pouvoir et combattre l'anarchie, ne peuvent remplacer l'autorité qui résulte d'un principe, et que le provisoire perpétuel laisse toujours la France entre ce dilemne : Monarchie ou radicalisme. Votre conscience ne vous inspire-t-elle pas des regrets de ce que vous avez fait et ne vous dit-elle pas que vous avez sacrifié l'avenir de la France à de petites idées révolutionnaires. S'il en est temps encore, abandonnez ces idées qui vous perdent, qui en ont déjà perdu tant d'autres avant vous et ont été plus funestes à la France que les idées radicales : parce que celles-ci effraient, tandis que beaucoup se laissent aller à celles que vous professez et dont ils ne comprennent pas le danger. *Sursum corda!* élevez vos cœurs; pensez à la patrie que vous avez sacrifiée à vos idées révolutionnaires et que vous pouvez encore sauver aujourd'hui. Pensez que si vous ne revenez pas à la monarchie, si vous n'appelez pas à monter sur le trône ce prince que l'Europe admire et que la voix du peuple appelle déjà le grand roi, vous allez rejeter la France dans l'abîme du radicalisme, que vous y tomberez avec elle et que vous y perdrez probablement vos libertés, votre fortune et peut-être aussi la vie.

La joie que votre conduite fait éprouver aux radicaux n'est-elle pas pour vous une leçon et ne la comprenez-vous pas. La satisfaction des ennemis de la France qui se manifeste avec éclat dans tous les journaux de la Prusse, ne vous prouve-t-elle pas que vous avez sacrifié les intérêts les plus sacrés de votre pays.

Dans la monarchie les radicaux voyaient la ruine de leurs espérances, et les Prussiens le rétablissement de la prospérité, de l'influence et de la grandeur de la France et vous avez rejeté la monarchie. Le repentir n'entre-t-il pas dans vos cœurs en voyant ce que vous avez fait? La France vous regarde et vous avez entre vos mains sa prospérité, son bonheur ou sa ruine.

Les réflexions qui précèdent étaient imprimées lorsque le vote de l'Assemblée nationale a confié pour sept ans les pouvoirs de président au maréchal de Mac-Mahon. Cette décision doit-elle apporter quelques modifications aux observations qu'on vient de lire? je ne le pense pas.

La question reste toujours celle-ci : Il faut choisir entre le radicalisme ou la monarchie, seulement le choix paraît être suspendu et ne plus pouvoir être réalisé qu'après les sept années données au maréchal de Mac-Mahon ; mais, ce temps écoulé, il faudra toujours revenir à une décision. Le maréchal de Mac-Mahon fera sans doute tout ce qu'il jugera nécessaire pour combattre les idées de désordre et empêcher les progrès du radicalisme ; mais on ne peut lui demander ni espérer l'impossible, et il est bien certain que lorsqu'un gouvernement est provisoire, quand même ce provisoire doit durer sept ou dix ans, il ne peut avoir la force, l'autorité et surtout la consistance qu'aurait un pouvoir définitif et n'étant pas sujet à des compétitions, c'est-à-dire un gouvernement monarchique. Et, comme tout ce qui n'est pas établi sur des principes fixes et déterminés prête plus au désordre qu'à l'ordre, il est à craindre que, malgré tous les efforts que le maréchal de Mac-Mahon pourra faire pour combattre le désordre et l'anarchie, les idées de désordre n'acquièrent encore de la force, et que, à l'expiration des pouvoirs accordés au président, la situation ne soit encore moins favorable qu'elle ne l'est aujourd'hui. Puis, le président peut ne pas atteindre le terme fixé à son pouvoir, et alors le pays se trouverait jeté dans les hazards sans être préparé, et la question monarchie ou radicalisme, pourrait être décidée dans les conditions les plus difficiles.

Mais, malgré la loi qui vient d'être votée, la question de la monarchie ne peut-elle pas être résolue dans un délai peu éloigné ? C'est ce que je vais examiner.

L'article 1ᵉʳ de la loi votée le 19 novembre, dit que le pouvoir du président « continuera à être exercé dans les conditions actuelles jusqu'aux modifications qui pourront être apportées par les lois constitutionnelles, » et l'article 2 ajoute qu'une commission chargée de l'examen de ces lois sera nommée dans les trois jours qui suivront la prorogation de la loi du 19 novembre.

Si cette commission reconnait que des lois rédigées dans un esprit monarchique peuvent seules contribuer à maintenir l'ordre et la sécurité et que l'Assemblée nationale vote ces lois, ne doit-on pas comprendre que pour mettre à exécution des lois monarchiques, il est nécessaire d'avoir un monarque.

La loi qui vient d'être votée ne paraît pas permettre à l'Assemblée nationale de voter l'appel du monarque; mais si le maréchal de Mac-Mahon, qui n'est pas un ambitieux vulgaire désirant le pouvoir pour satisfaire son amour-propre, mais qui n'a accepté le pouvoir que dans l'intérêt du pays et afin de combattre les ennemis de la société, comme il combattait les ennemis de la France sur les champs de bataille; si, dis-je, le maréchal de Mac-Mahon reconnaissait que, après avoir voté des lois monarchiques, l'Assemblée nationale serait favorable à une constitution monarchique, il est bien probable que, n'écoutant que son dévouement à la France, le maréchal de Mac-Mahon serait disposé à renoncer à la prorogation de son pouvoir ou à autoriser l'Assemblée nationale à rétablir par son vote la monarchie, afin d'assurer l'avenir de la France, sa prospérité et sa prépondérance. Et, comme le maréchal de Mac-Mahon faisait dire au maréchal Bazaine, moins ancien que lui dans son grade et cependant nommé son chef, qu'il lui obéirait comme un sous-lieutenant, de même il irait, en abandonnant le pouvoir, dire au roi de France, vous trouverez en moi un maréchal fidèle et dévoué.

Oui, j'espère que telle serait, si les circonstances le demandaient, la conduite du Bayard des temps modernes, et, en agissant ainsi, il ajouterait à son histoire une page qui assurément ne serait pas la moins belle.

Ne perdez donc pas courage monarchistes qui avez conservé le seul principe qui puisse sauver la France et redoublez de zèle et de dévouement. Députés de la droite, n'avez-vous pas de reproches à vous faire et ne comprenez-vous pas que, sans la faiblesse que vous avez montrée dans différentes circonstances, il est bien probable que la monarchie aurait été rétablie? Efforcez-vous donc de réaliser les espérances que l'on avait en vous. Et vous, députés des centres, ce n'est pas seulement de la faiblesse que l'on peut vous reprocher; mais de l'opposition. Si la France est encore aujourd'hui dans une situation aussi précaire, dans un provisoire, qui laisse l'avenir le plus incertain, c'est vous surtout qui devez en être responsables, puisque vous n'avez pas voulu abandonner entièrement les idées révolutionnaires et que, désirant l'ordre, vous êtes restés attachés à certaines idées qui ne peuvent produire que le désordre.

Soyez donc désormais tous ralliés au principe monarchique, et la France pourra, dans un avenir peu éloigné, être sauvée par vous. Mais, si vous hésitez encore, vous aurez un jour, comme je vous l'ai déjà dit, à vous reprocher sa ruine.

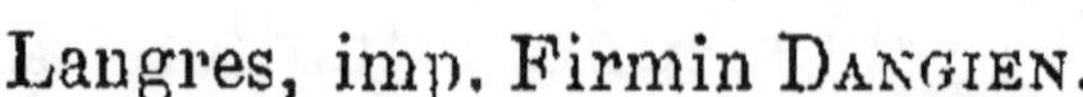

Langres, imp. Firmin Dangien.